AF337572

CONSEIL CENTRAL

D'HYGIÈNE PUBLIQUE ET DE SALUBRITÉ

DE LA VILLE DE NANTES ET DU DÉPARTEMENT DE LA LOIRE-INFÉRIEURE.

———

RAPPORT

SUR

LE DÉPLACEMENT DE L'ABATTOIR DE NANTES

AU NOM D'UNE COMMISSION

Composée de MM. DEMOGET, HERBELIN, MÉNIER et ABADIE, rapporteur.

———

ANNÉE 1882.

———

Le Conseil de salubrité a eu souvent à s'occuper des conditions hygiéniques dans lesquelles se trouve placé l'abattoir de Nantes, il avait entrevu depuis longtemps la nécessité qui s'imposerait à l'Administration de le transporter ailleurs.

Cette question est, aujourd'hui, complètement mûre ; aussi semble-t-il que le moment soit arrivé pour la municipalité de songer à la résoudre le plus promptement possible.

C'est ce que le Conseil d'hygiène a pensé quand il a nommé une Commission, composée de MM. Demoget, Herbelin, Ménier et Abadie, pour examiner cette affaire et vous présenter son rapport. Elle m'a désigné pour être son organe, et je viens en son nom vous communiquer le résultat de ses investigations.

I.

L'origine des abattoirs en France ne remonte pas à une époque bien reculée ; car quand, en 1810, Napoléon Ier décréta qu'il serait fondé cinq tueries à Paris, c'est à peine si quelques grandes villes, telles que Lyon, Rouen et Toulouse, avaient déjà fondé chez elles ces importants établissements. Celui de Nantes, dont les travaux furent mis en adjudication en 1826, ne fut terminé qu'en 1830. C'est par une ordonnance royale du 14 mai 1828 que fut créé celui de Bordeaux.

Auparavant, les abattoirs faisaient partie intégrante des locaux occupés par les bouchers. Ce que Mercier, dans son tableau de Paris, raconte des tueries de la capitale est bien de nature à faire comprendre ce qui devait se passer partout ailleurs.

C'est sous Louis XV qu'il écrivait ; voici comment il s'exprimait : « Les boucheries sont au milieu de la ville, les animaux y sont abattus devant les portes ; le sang ruisselle dans les rues, il se caille sous vos pieds et vos souliers en sont rougis. En passant vous êtes tout-à-coup frappé de rugissements plaintifs. Un bœuf est terrassé et la tête est liée avec des cordes contre la terre ; une lourde massue lui brise le crâne ; un large couteau lui fait au gosier une plaie profonde ; son sang qui fume, coule à gros bouillons avec sa vie. Mais ses douloureux gémissements, ses muscles qui tremblent et s'agitent par de terribles convulsions, ses abois, les derniers efforts qu'il fait pour s'arracher à une mort inévitable, tout annonce la violence de ses angoisses et les souffrances de son agonie. Quelquefois, le bœuf étourdi et non terrassé, brise ses liens, et, furieux, s'échappe de l'antre du trépas ; il fuit ses bourreaux et frappe tous ceux qu'il rencontre, comme les ministres ou les complices de sa mort ; il répand la terreur, et l'on fuit devant l'animal qui, la veille, était venu à la boucherie d'un pas docile et lent. Des femmes, des enfants, qui se trouvent sur son passage, sont blessés, et les bouchers, qui courent après leur victime échappée, sont aussi dangereux, dans leur course brutale, que l'animal que guident la douleur et la rage. »

Si l'on ajoute à ces inconvénients, si compromettants pour la sécurité publique et dont nos mœurs aujourd'hui ne s'accommoderaient certainement pas, les causes si multiples d'insalubrité inhérentes à la multiplicité des tueries, parmi lesquelles la surveillance était très difficile, on se rendra facilement compte de l'urgence qu'il y avait à établir, surtout dans les grands centres, des abattoirs publics.

Quand on songe que ce n'est qu'en 1818 que les premiers abattoirs furent livrés à la boucherie parisienne, et que tant d'autres choses, au moins aussi utiles, ne devaient pas alors être plus avancées, et quand, d'un autre côté, on contemple les progrès accomplis depuis le commencement de ce siècle, on a bien quelque droit d'être fier de l'activité des générations modernes, auxquelles il reste cependant encore tant d'œuvres à compléter.

II.

Il n'est pas surprenant que, dans les premières fondations de ces établissements, toutes les prévisions n'aient pas été observées et que l'on se soit trouvé, peu de temps après, dans l'obligation d'en déplacer quelques-uns pour des motifs d'insuffisance et d'insalubrité. C'est ce qui est arrivé à Paris où, en 1867, le grand abattoir de la Villette fut substitué à ceux qui existaient précédemment.

L'abattoir de Nantes présente aujourd'hui, et depuis longtemps déjà, les mêmes inconvénients qui étaient justement reprochés aux anciens de Paris.

III.

Avant d'énumérer ces inconvénients, il nous paraît utile d'exposer les conditions générales dans lesquelles ces établissements doivent être édifiés.

Un abattoir doit être établi le plus loin possible du centre de la ville qu'il doit desservir : il devra être construit, de préférence, hors de la ville ou à son extrême limite.

Il doit être isolé de toute habitation et placé, autant que possible, dans une situation où les vents, régnant le plus généralement, ne puissent pas projeter les infections qui en émanent sur les quartiers habités.

Il devra être entouré de murs élevés et de plantations d'arbres destinées à former un véritable rideau capable d'absorber les miasmes qui peuvent s'en dégager.

Les divers bâtiments dont se compose un abattoir sont d'autant mieux disposés que leurs dimensions en hauteur et en largeur sont plus grandes. Ainsi établis, ces bâtiments contiennent une grande quantité d'air, dont le renouvellement est facilité par de nombreuses et larges fenêtres. Mais les cours et les rues de service doivent, elles-mêmes, avoir de larges dimensions, afin d'assurer une grande facilité à la ventilation et à la circulation des animaux, des véhicules et des gens de service. Donc on ne doit pas marchander l'étendue du périmètre à consacrer à une telle édification.

Une condition indispensable dans un abattoir, c'est que l'eau y soit en abondance : il faut surtout, dit Parent-Duchatelet, des moyens d'y amener l'eau à profusion et des moyens de l'en débarrasser.

Le sang et les détritus mêlés aux eaux de lavage doivent donc être entraînés, au moyen de conduits souterrains, dans une rivière à cours d'eau rapide.

Aussi, quand on le peut, comme c'est le cas pour Nantes,

doit-on choisir de préférence des terrains bordés de cours
d'eau, et dont la disposition soit telle qu'on n'ait pas à
redouter, dans l'avenir, l'éventualité de constructions habi-
tables dans leur voisinage.

IV.

Ces principes émis, voyons si l'abattoir de Nantes les
réalise :

L'enquête pour l'acquisition des terrains eut lieu en août
1823, M. Levesque aîné, étant maire. L'affiche disait que
l'Administration municipale a choisi, à cet effet, la partie
haute de la tenue dite de la *Tombe rouge,* située entre les
rues Talensac, Bel-Air et Moquechien, qui offre tous les avan-
tages désirables, pour un tel établissement, à raison de sa
situation sur un sol élevé, *à découvert, isolé d'habitations,*
à proximité des eaux et où tous les moyens seront facilement
employés pour le rendre salubre, commode et propre à sa
destination.

Evidemment, à cette époque, tout ce quartier devait
être occupé par des tenues (jardins ou pépinières), et ce
n'est que plus tard que les nombreuses constructions accu-
mulées tout autour de l'établissement ont été élevées, de
manière à constituer, dans ce canton de la ville, une agglomération aussi compacte que celle que nous voyons.

Donc si, au point de vue de son isolement, l'abattoir de
Nantes réunissait, à son origine, les conditions visées dans
l'affiche de l'enquête précitée, on peut dire qu'aujourd'hui il
est entouré de tous les côtés par des maisons habitées, aussi
agglomérées que possible, et qui n'en sont séparées que par
des rues étroites.

C'est en vain que, pour remédier à cet état de choses,
on supprimerait, comme cela a été tenté par un arrêté, les
fondoirs de suif établis à l'abattoir, ainsi que l'emmaga-

sinement des issues dans les greniers de cet établissement. La réalisation de ces mesures, qui ne se concilient guère avec les attributs propres à ce genre d'industrie, ne remédierait pas aux autres inconvénients, résultant des émanations des eaux de lavage imprégnées de sang et de détritus de toute sorte.

Mais à ces conditions d'insalubrité s'en ajoute une autre, de la plus grande importance et à laquelle on n'eut pas la précaution de songer quand on fonda l'abattoir, c'est le déversement des eaux de lavage dans une rivière sans courant et dont le liquide, ainsi corrompu, répand l'infection sur les magnifiques maisons qui en bordent les quais.

Certes, ce n'est seulement pas de l'abattoir que proviennent les causes d'infection de ce cours d'eau, et il ne faut pas croire que lorsque l'abattoir sera supprimé les eaux de l'Erdre seront assainies. Mais il n'en est pas moins vrai que les eaux de lavage de l'abattoir concourent pour une grande part à cette infection, ainsi que le démontre l'analyse de ce liquide, recueilli à l'embouchure de l'égout de cet établissement, opérée en 1858 et 1859 par notre si regretté collègue Bobierre, et dont les détails très complets sont consignés dans un mémoire inséré dans le compte rendu de 1859 des travaux de notre Conseil.

Tableau.

LIEU DE LA PRISE D'ÉCHANTILLON.	ASPECT DE L'EAU.	ODEUR DE L'EAU.	Densité (celle de l'eau étant 10.000.)	Résidu d'évaporation par litre.	Ammoniaque par litre d'eau.
				gr.	milligr.
Pont-Morand, 1 m. 90 de profondeur.	jaune foncé...........	forte, marécageuse.....	10.005	» 3960	10 210
A 3 m. de l'aqueduc de l'abattoir, à 1 m. 62 de profondeur (1)......	rougeâtre............	putride, intolérable....	10.010	1 0800	49 000
A 4 m. de l'aqueduc du gaz, à 1 m. 57 de profondeur........	jaune brunissant à la lumière...........	de goudron très marquée...............	10.004	» 2940	41 780
Tête amont de l'écluse, à 1 m. 90 de profondeur............	jaune verdâtre foncé....	putride très marquée...	10.005	» 3270	15 710

(1) Le résidu a 2,57 % d'azote.

Ainsi qu'on le voit par cet aperçu, il est facile de reconnaître que l'abattoir concourt pour une bien large part à l'infection de l'Erdre.

On ne saurait trop insister sur cette fâcheuse situation, convaincus que nous sommes qu'il arrivera un moment, s'il n'est déjà venu, où l'Administration se verra dans l'obligation d'assainir ce cours d'eau et d'accepter les projets d'aqueducs latéraux que le Conseil de salubrité avait déjà formulés en 1827 et qu'il a renouvelés un bien grand nombre de fois.

Ainsi donc, par sa position au milieu d'agglomérations de maisons habitées, agglomérations qui tendent chaque jour à prendre de l'extension vers les parties excentriques, par la difficulté qu'il y a de procurer aux eaux de lavage un accès facile jusqu'à un cours d'eau rapide, notre abattoir se trouve dans les plus mauvaises conditions hygiéniques ; la prévoyance commande à l'Administration municipale de se préoccuper de cet état de choses et de rechercher, de suite, quand il en est temps encore, quels peuvent être les meilleurs terrains où il serait avantageux de transporter l'abattoir, afin de s'assurer de leur possession à des conditions qui, nécessairement, deviendront, dans l'avenir, de plus en plus difficiles et onéreuses.

Combien il y a lieu de regretter qu'il y a environ 20 ans on n'ait pas songé à s'approprier les prairies à peu près nues alors qui s'étendaient au bord de l'eau, du bras de la Madeleine à l'établissement du Blanzy. Mais ces regrets doivent au moins éveiller l'attention de la municipalité pour que ce qui est arrivé relativement au terrain précité ne se produise pas, en ce qui concerne ceux qui, aujourd'hui, sont disponibles et qui ne le seront plus peut-être demain.

Il ne faut pas oublier que le décret du 15 octobre 1810, l'ordonnance du 14 janvier 1815 et celle du 15 avril 1838 avaient rangé les abattoirs parmi les établissements de pre-

mière classe et que cette classification leur a été maintenue
par le décret du 31 décembre 1866.

V.

Mais la question de salubrité, pourtant dominante dans
cette circonstance, n'est pas la seule que l'on puisse et que
l'on doive invoquer pour réclamer le déplacement de
l'abattoir.

Cet établissement, très bien construit et très suffisant à
l'époque où on l'érigea, est aujourd'hui beaucoup trop exigu
pour le nombre des bouchers qui y opèrent.

Il occupe un terrain ayant 160 mètres de longueur et
70 mètres de largeur, soit une surface de 11,200 mètres
carrés.

Le marché Talensac a également 70 mètres de largeur
sur 75 de longueur, soit une surface de 5,250 mètres carrés.

Ensemble, 16,450 mètres. Cette surface est beaucoup
trop restreinte, même pour les bâtiments qui y sont édifiés :
il faudrait des cours plus vastes pouvant être plantées, tandis
que dans tout le périmètre de l'abattoir et du marché attenant,
il n'y a pas place pour un seul arbre.

Or, il est notoire que les bâtiments, qui ne peuvent être
ni multipliés ni élargis, sont aujourd'hui tout à fait insuffi-
sants pour le nombre des bouchers qui s'est beaucoup accru
depuis quelques années et qui paraît devoir s'accroître encore,
tant cette profession semble être entrée et devoir se main-
tenir dans une ère de prospérité.

Que l'on juge de cette insuffisance : il y a 28 échaudoirs
qui ont été combinés pour recevoir chacun deux bouchers et
dont quelques-uns sont répartis entre quatre et même cinq.
En 1830, quand l'abattoir fut livré, le nombre des bouchers
ne devait pas dépasser cinquante ; mais vingt-cinq ans plus
tard il était de soixante-douze, actuellement ce nombre atteint

le chiffre de cent cinquante et un, dont quarante ne faisant abattre que pendant cinq ou six mois de l'année.

L'augmentation de la consommation de la viande dans les trente dernières années explique bien cette multiplication des bouchers. Cependant, si ceux-ci ne vendaient dans leurs étaux que de la viande provenant d'animaux sacrifiés à l'abattoir, les échaudoirs actuels, quoiqu'on ait augmenté les anciens de bâtiments qui, autrefois, avaient une autre destination, seraient dans l'impossibilité de suffire à la préparation de tant d'animaux ; mais, ainsi que nous allons le voir, il entre en ville une énorme proportion de viande morte, ce qui diminue d'autant l'insuffisance de l'abattoir.

Voici l'état de la consommation de la viande, à Nantes, en 1854 et en 1881 :

En 1854, Bœufs,   3.217, poids vif 1.840.318^k, poids net   920.159^k
   —   Veaux, 24.403,   —   1.454.851   —   771.171
   —   Moutons, 26.163,   —   1.101.032   —   550.516
   —   Viandes mortes,   374.305
En 1881, Bœufs,   4.930,   —   2.645.609   —   1.322.804
   —   Veaux, 32.936,   —   2.120.893   —   1.124.073
   —   Moutons, 32.460,   —   1.492.642   —   746.321
   —   Viandes mortes,   1.389.144

En additionnant les poids de chacune de ces années, on trouve qu'il ne s'en faut que de 650,960 kilogrammes, c'est-à-dire du septième et une fraction, que la consommation de 1881 n'ait doublé celle de 1854.

En 1854, il fut abattu 53,693 animaux ; en 1881, il en a été abattu 70,326, soit 16,633 en plus. Or, déjà en 1854, on constatait l'insuffisance de l'abattoir pour la facilité des services.

VI.

Mais ce qu'il faut surtout noter, c'est la quantité prodigieuse de viande entrée morte et qui s'est élevée, en 1881, à

1,389,144 kil., tandis qu'elle n'avait été, en 1854, que de 374,305 kil.

Il faut observer que les neuf dixièmes de cette viande doivent être rapportés au bœuf ou plutôt à la vache, tandis que le veau n'y figure que pour un dixième. Quant au mouton, on peut dire qu'il n'en entre pas à l'état de viande morte.

En conséquence, les neuf dixièmes de la viande morte entrée en 1881, soit 1,250,144 kil., correspondent à 4,649 bœufs ou vaches, c'est-à-dire à un nombre égal à celui de ces animaux tués à l'abattoir, moins 281.

Si maintenant l'on suppute la proportion relativement très faible de cette masse de viande, qui est vendue en menus morceaux à nos ménagères sur les étaux du marché Talensac, on pourra se faire une juste idée de la grande quantité qui en est achetée par beaucoup de bouchers qui la revendent dans leur boutique comme provenant d'animaux tués à l'abattoir.

Mais si, pour des motifs qui mériteraient assurément d'être approfondis, la viande morte cessait d'entrer, comment comprendait-on que l'abattoir, déjà insuffisant pour les animaux qui y sont sacrifiés, pût recevoir ceux qui lui arrive-raient ainsi en surcroît. Or, il ne faut pas se dissimuler que si une masse d'animaux est tuée au dehors, c'est que leurs propriétaires auraient quelque honte à les présenter à l'abat-toir. Donc s'il arrive, ainsi qu'il faut le désirer, que les fermiers aient meilleur soin de leurs animaux, de manière à n'en avoir que de présentables, ce qui est dans leur intérêt bien entendu, il ne faut pas douter qu'au lieu d'entrer en ville à l'état de viande morte ces animaux soient présentés à l'abattoir la tête haute, parce que là la cote de leur prix sera toute différente de ce qu'elle aurait été pour être abattus dans une tuerie de village.

Une inspection plus sérieuse que celle qui existe aujourd'hui, en s'appuyant, comme cela devrait toujours être, sur des données scientifiques pour justifier ses décisions, ne devrait pas tarder à réfréner certains actes de maquignons bouchers, soit qu'ils présentent de la viande provenant d'animaux atteints de certaines maladies, soit que ces viandes soient dans un état de maigreur trop avancé.

En tout cas, la diminution très souhaitable de la quantité de viande entrant morte ne devra pas pour cela diminuer la consommation. Celle-ci est destinée à s'élever encore. En effet, si depuis moins de trente ans elle a presque doublé, il ne faut pas douter que dans trente ans d'ici elle ne se soit accrue dans la même proportion, non seulement parce que chaque jour les familles en font entrer une plus large part dans leur nourriture, mais encore parce qu'il faut croire que la population de la ville augmente elle-même dans une certaine mesure. La consommation de la viande de boucherie à Nantes est de 36 kilog. par an et par habitant. A Paris, cette consommation est de 70 kilog.

Mais il est une autre éventualité dont il faut aussi tenir compte, c'est la possibilité, dans un avenir prochain, de l'annexion de certaines agglomérations de communes voisines qui font corps avec Nantes et que les étrangers sont très surpris d'en voir séparées. Evidemment, de telles annexions reculeraient les limites de l'octroi et obligeraient des bouchers nouveaux à ne tuer qu'à l'abattoir commun.

VII.

D'un autre côté, la ville de Nantes est certainement, de toutes celles de son ordre, la moins bien pourvue de grands marchés couverts. Non seulement les terrains de l'abattoir actuel pourraient en partie recevoir cette destination, mais encore il ne serait pas impossible que les bâtiments en fussent facilement appropriables à une telle affectation.

VIII.

Certes, le déplacement de l'abattoir occasionnera une grosse dépense à la caisse municipale.

Il est évident qu'en entreprenant cette grosse affaire, la municipalité devra non seulement assurer le service du temps présent, mais encore prévoir l'extension de la consommation dans l'avenir, afin que l'établissement projeté reste le plus longtemps possible à la hauteur des besoins futurs.

Votre Commission n'évalue pas à moins de 60,000 mètres carrés (6 hectares) la surface de terrain nécessaire pour les constructions, les cours, les rues de service et le marché aux bestiaux, en y comprenant les rues d'abord.

En effet, une largeur de 150 mètres sur une longueur de 400 nous paraît nécessaire pour faire face aux besoins du présent et à ceux de l'avenir.

Il ne peut entrer dans les vues du Conseil d'hygiène d'indiquer, en ce moment, les dispositions qui devraient être données aux divers bâtiments, afin de réunir avec avantage tous les services de la boucherie, de la charcuterie, de la triperie, de l'emmagasinage et de la fonte du suif, ainsi que l'emmagasinage du sang, des détritus et des fumiers.

IX.

Bien que la question financière ne soit pas de la compétence du Conseil d'hygiène, votre Commission n'a pas cru cependant devoir la passer sous silence, car quand il s'agit de salubrité, il ne suffit pas de réclamer, en sa faveur, les améliorations nécessaires, on doit encore se préoccuper de la possibilité de les réaliser dans la mesure des ressources que l'on a à sa disposition.

Les constructions de l'abattoir actuel ont coûté la somme totale de 638,177 fr. 27 c. Pareils travaux coûteraient aujourd'hui le tiers en plus, soit environ 800,000 fr.

Mais il faut bien compter sur un développement au moins double des divers bâtiments à ériger dans le nouvel établissement et, en conséquence, sur une dépense approximative de 1,600,000 fr.

D'un autre côté, l'achat et les remblais du terrain nécessaire ne doivent pas être évalués à un chiffre moindre de 400 à 450,000 fr.

Donc la dépense totale devrait atteindre 2,000,000 de fr. Mais l'abattoir actuel doit représenter au moins la moitié de cette valeur.

C'est donc une dépense de 1,000,000 de fr. qui incomberait à la ville.

Il faut reconnaître que le droit d'abatage prélevé à l'abattoir, en 1881, s'est élevé à 70,512 fr., savoir :

4.930 bœufs à 6 fr. l'un................	29.580 ᶠ
32.936 veaux à 0 fr. 75 c. l'un..........	24.700
32.460 moutons à 0 fr. 50 c. l'un.......	16.230
Ci....................	70.510 ᶠ

Ce qui correspond à deux centimes et quart environ par kilogramme de viande nette.

Mais si l'on frappait, comme cela nous paraît possible et même juste, la viande entrée morte d'un droit de visite correspondant au droit d'abatage, c'est-à-dire de deux centimes et quart par kilogramme, on se créerait un revenu qui aurait dépassé, en 1881, la somme de 27,000 fr. De la sorte, il est permis d'entrevoir que le revenu de l'abattoir atteignant, dès ce moment, la somme de 100,000 fr., sans compter les produits de la charcuterie, de la triperie, des fondoirs de suif, etc., etc., devrait donner, dans un avenir peu éloigné, un résultat encore meilleur.

Si le nouveau tarif imposé à la viande morte pouvait avoir une certaine influence pour en diminuer la quantité, on pourrait se féliciter de l'avoir établi ; car outre que la caisse municipale n'y perdrait rien, puisque l'augmentation des animaux présentés à l'abattoir serait corrélative à la diminution de la viande morte, le public y gagnerait surtout en voyant cesser un état de choses dont il ne se doute pas et duquel il résulte que, croyant acheter, dans certaines boucheries, de la viande provenant d'animaux tués à l'abattoir, il achète, au contraire, des morceaux détachés de quartiers entrés morts et qui ne diffèrent en rien, si ce n'est par le prix, des morceaux débités sur les étaux des marchés forains.

X

Votre Commission, comme conclusion, a été unanime à vous proposer de recommander à l'Administration municipale le déplacement le plus prompt possible de l'abattoir.

Ce déplacement s'impose, non seulement à cause de l'insuffisance de l'établissement, insuffisance qui s'accentuera chaque jour davantage, mais surtout en raison de l'insalubrité qu'il répand au sein d'une agglomération de population dont les plaintes déjà bien anciennes et complètement justifiées méritent de fixer toute l'attention de nos édiles.

Votre Commission croit devoir ajouter que l'appropriation du terrain, quand il aura été choisi, demandera longtemps avant d'être en état de recevoir les constructions ; que, quelque hâte que l'on mette dans la succession des travaux qui pourraient être avantageusement échelonnés par annuités, il devra s'écouler une dizaine d'années avant que le tout ait pu être terminé.

Or, la nécessité de mettre un terme aux plaintes des habitants du quartier de l'abattoir et celle non moins impérieuse de s'assurer de la possession des terrains convenables, tant qu'ils sont encore disponibles, nous paraissent des motifs suffisants pour exhorter la municipalité à s'occuper immédiatement de cette question dont l'importance ressort à tous les yeux.

Le Rapporteur,

B. ABADIE.

Imp. v⁰ Camille Mellinet, pl. Pilori, 5. — L. Mellinet et Cⁱᵉ, sucrs.